Tudo que pertence ao meu futuro e ao seu

Roberta Campos

Tudo que pertence ao meu futuro e ao seu

Ilustrações de **Félix Reiners**

© 2015 – Roberta Campos
Direitos em língua portuguesa para o Brasil:
Matrix Editora
www.matrixeditora.com.br

Diretor editorial
Paulo Tadeu

Projeto gráfico e capa
Monique Schenkels

Revisão
Silvia Parollo

Ilustrações
Félix Reiners

Foto da autora
Patricia Ribeiro

CIP-BRASIL - CATALOGAÇÃO NA FONTE
SINDICATO NACIONAL DOS EDITORES DE LIVROS, RJ

Campos, Roberta
Tudo que pertence ao meu futuro e ao seu/Roberta Campos. 1. ed. - São Paulo: Matrix, 2015.
104 p.; 21 cm.

ISBN 978-85-8230-204-0

1. Poesia brasileira. I. Título.

15-24375	CDD: 869.91
	CDU: 821.134.3(81)-1

Para minha avó Rosária, a pessoa mais linda do mundo!

E ao tempo e ao vento, que me inspiram a sempre tentar.

Deixo rastros, existem erros
e acertos por todos os lados.
Eis minha maior tentativa.

Sumário

Prefácio 11
Primavera. 17
Maria. 18
O menino. 19
O meio 20
No caminho 21
O agora. 23
No meio do caminho, uma flor pra te dar 24
Quinta-feira 25
Vida 26
A canção do amanhã. 27
Lua 28
A flor. 29
Como "passarin". 30
A todos que verão 35
Porta aberta. 36
Minas Gerais 37
O melhor que sou 38
Esmeraldas 39
Espiral. 40
Um porto 41
Eu danço pra você 42
Amor, é outono 46
Na corda bamba dos ponteiros 47
A toda direção 48
Me dê a mão 49
O doce da saudade. 50
Entre os dedos. 51
Luz da lua 52
Da cor de um abraço. 53
Abraço no mundo. 54
Uni em verso 55
Asfalto colorido 56

Longe do olhar 58
Em nome do tempo 59
Um sorriso 60
Sobre voltar 61
Destino do acaso 62
Brisa 63
Para um grande amigo meu 64
Um viajante 65
Inverno dos dias 68
Hoje não, amanhã 69
En blanco y negro 70
Pensamento vivo 71
Ontem – hoje 72
Fases 73
Cinco dias 74
No meio do caminho 75
Do querer 76
Dias em mim 77
Queria te dar o mundo inteiro 78
Me veja por aí 79
Volcano 80
Seu medo 81
Minha alma 82
Tolhiço 83
Um refrão pra recomeçar 87
Das coisas que sei e não 89
Fidivó 90
Em nome de meu pai e de minha mãe .. 91
Monareta 93
Daniel 94
Cavalos marinhos 95
Paraopeba 96
Passageiro de mim 97
Para quando eu for nuvem 98
Fotografe tuas preces 100

Prefácio

Sentada em um terraço vasto, com as pernas descansando pelo piso antigo – daqueles que já têm as cores pardas, preguiçosas com o tempo que passou pisando forte –, dá para ver como a luz fica quente e amarelada a essa hora da tarde. O chão é frio e faz um bom contraste com o ar morno que brinca de se esconder pelas frestas da grade com losangos brancos. O cheiro é de bolo quente saindo do forno.

Cheiro com gosto, já sentiu alguma vez? Inunda a casa inteira e o meu nariz fica confuso, porque o perfume das páginas de um livro novo em minhas mãos serelepes se mistura deliciosamente com o que sai da cozinha.

Não sei qual me dá mais vontade de devorar primeiro. O gosto do cheiro ou o livro. Em suas páginas ele tem "Tudo que pertence ao meu futuro e ao seu", e, se você não está nessa varanda – eu também não estava quando li as poesias que brincam de pega com suas lembranças, sonhos e perdas –, certamente vai se sentir envolvido por essa atmosfera de abraço do passado, do presente e, claro, do futuro acompanhado de amor e de saudade.

Roberta Campos tirou de dentro das memórias mais antigas a poesia do futuro. Faz uma viagem poética de trás para a frente, com passagem de ida e volta para o leitor. Ironia, talvez. Sabedoria, sem dúvida.

Acaso já houve algum depois sem o antes? A sensação de passeio pelas asas de um passarinho despreocupado pelos recantos íntimos daquelas gavetas velhas, só nossas, nos faz ouvir um canto do que vem de lá.

O meu futuro e o seu. Aquela tarde morna no terraço também é banhada por uma chuva lenta e decidida, através dos versos de Roberta. Entre as suas listas, assistimos a sentimentos e gostos aparecendo quase como tópicos e dão uma narrativa ritmada, compassada, gostosa de galopar em determinadas poesias-vislumbre (resolvi chamar assim, se ela me permite a ousadia), porque lia e via o dia. Lia e via a noite. Lia e via a lua. Coisa das cabeças pensantes como a de Roberta. Ela vê o mundo com olhos estranhos, isso não dá para duvidar. Olhos azulantes, que enxergam cor em cinza e uma boniteza escondida, tímida, daquelas que quase ninguém nota.

Amo esse tipo de boniteza. E de tristeza também: aviso que é necessária uma dose de coragem para sofrer delicadamente com a poesia de Roberta. Algumas palavras gostam de passar um tempinho a mais no meio da garganta.

E, claro, é notória a melodia por entre os versos. Alguns deles pareciam já vir com melodia embutida, cantarolando sozinhos, pareciam pedir um violão ou piano e voz pelo amor de Deus. O que, certamente, não me surpreendeu nem um pouco. A poesia se abre toda para o leitor com essa cara de nostalgia que olha para a frente. E de um abraço quente na noite fria. Tudo isso que já fui, que já fomos. Já vi, vimos. Uma pequena viagem da ternura de infância até as inquietudes da alma que cresceu, mas continua sempre em ebulição, porque nunca para de alargar-se. Ainda bem. Boa viagem ao meu futuro, ao seu e ao da Roberta Campos. Você pode se sentir em casa, pois sabe como é. Já estamos na estrada desde ontem.

Clarice Freire

Primavera

Primavera

Sol da estação que sorri em flores
Tempo que passa devagar e colorido
O vento sopra com amor

Vem chegando
Oh, primavera!
Uma coisa é certa, vai ter cor

Essas cores recomeçam
É como colorir as coisas
Pintar o desenho

Numa dessas manhãs
Quero abrir a janela
E sorrir pra ti feliz, oh, primavera!

Maria

Chegou Maria
Sorridente e sem dente
Mãos que procuram o mundo
Sol que reflete em seus olhinhos de jabuticaba
Maria procura tudo, busca as cores e reconhece o azul
As canções a balançam e em seu sono tranquilo
a lembrança
Das brincadeiras de entender
Viva o sorriso de Maria!

O menino

Ligeiro
Quase mais rápido que o vento
Brinca com as gotas do tempo
Num relógio que conta as horas devagar

Menino
Cadê sua bola de capotão?
Sua pipa colorida?
Seu avião que ainda não sabe voar?

Vamos balançar na rede
Correr por aí o dia todo
Buscando toda a felicidade que te espera!
Vamos, menino, seja feliz!

O meio

No começo foi difícil
Esqueci que o meio existe
E que depois dele vem o fim

Minhas mãos seguram tudo
Entre o nada como escudo
E nesse frio, a solidão

Mora longe, parte como um passarinho
Sol se esconde
Outro dia deixo você ir

No caminho

Quando seu coração acelerar e sua respiração não acompanhar
As mãos devem seguir a direção do seu caminho
Das pernas que não se firmam mais
Aos olhos que deixam as lágrimas dançarem
Vamos poder ouvir os pássaros

Depois daquela chuva que deixou as marcas no amanhecer
Das ruas cobertas pelas folhas que voam no decorrer do dia
As promessas de que tudo vai ficar bem
Um abraço que acalma o coração
As mãos que se encontram no caminho

Para as portas que se abrem
Um coração que só pulsa em você
Deixa o tempo bom acontecer de novo

Morrer de rir deve ser a melhor das mortes
O coração para ali, no descompassar da vida
Enchendo-se do vazio que silencia o segundo após o teu sorriso

O agora

De que valem mil sorrisos
Pra quem não sabe sorrir?
De que vale uma tarde de sol
Pra quem se cega com a luz?
Para quem não aguenta o calor
Suave de um abraço solar
Vale a pena seguir
Pois o sentido existe
Mesmo onde ele pareça não existir

Que o vento traga o amor
A leveza desse ardor
Que seja doce como o luar
Que brilhe perto de você
Que cubra com a sorte
De um caminho recém-trilhado
Que as vazias noites adormeçam em silêncio
O silêncio de todo esse vazio
Repleto de imensidão
Prestes a ser habitada pelo agora

No meio do caminho, uma flor pra te dar

Tarde demais para me encontrar sem me perder
Ouço falar da tua voz a me procurar
E o que era só virou nós dois e foi...

Dor que passou, estrada veloz
Corpo sob o céu azul a toda manhã

Algumas lembranças a me recordar
Da porta aberta que me chama
Da hora certa dessa chama

Quinta-feira

Viver é emoção
É prazo de sentir e experimentar as partidas

Viver é mágico
Um pavio em chamas

O coração que pulsa
As mãos que alcançam e perdem

Viver
É o tempo que a gente inventa

Vida

Um dia depois de ontem
Melodia do fim de carnaval
Acende e apaga a luz de lampião

Tampouco me esqueço da vida
Tampouco me esqueço de mim
Tampouco me esqueço de lembrar que esqueci

Então, me ame pelo nome com que nasci
Através de mim consigo ser eu
Através de você consigo talvez me esquecer

A canção do amanhã

Hoje eu já sabia
Que o amanhã chegaria
E na loucura de me perder
Com medo de se encontrar
Foi que fugi a me procurar

Metade de mim sou eu
E eu posso até me acostumar
Pois sou filha do vento
E ele veio me abraçar
Numa linda tarde ensolarada de agosto

Você é meu lar
Uma ponte que guarda o sol
Um girassol que não muda de lugar
E feliz eu giro com você
Em busca das coisas perfeitas

Lua

A lua e suas fases, que fases?
A lua e suas cores, que cores?
A lua e sua espera, que espera?
A lua que gira, gira e não cai
A lua que olha
A lua que vira
A lua que cheia
Na noite clareia
Cuida dela, Jorge... guarda esse lugar que existe no meu sonho
Guarda essa joia que me emociona toda noite quando vejo
Guarda pra mim, guarda pro mundo, guarda a felicidade

A flor

Flor do dia
A clara e rara flor
Alegria em minha vida
A flor que perfuma
Flor que acalma
Flor que salva
Flor da paz
Flor da vida e do jamais
Flor do sempre e do tempo
Flor da gentileza
Flor da resposta e da incerteza
Flor do agora
Flor de tudo
Flor escudo
Flor em mim

Como "passarin"

Quem sabe voar por aí
Me vestir de vento
Colher nuvens desse céu azul
Passar horas voando no tempo

Quem sabe visitar o silêncio
Ou cidades que nunca vi
Ter notícias dos caminhos e dos dias
Conhecer pessoas e criar histórias

Quem sabe voar bem alto
Mais alto que um avião
Dar adeus às pipas e aos balões coloridos
Negociar com a chuva até meu pouso

Voar como um "passarin"
Pousar como um "passarin"
Pousar nos fios, remar os sonhos
Pousar certezas e repousar

Verão

A todos que verão

Sol, dia, luz, quente, frio
Barulho, silêncio, barulho...
Carro, bicicleta, pessoas, chão!
Calçada, vento, forte, fraco, vento...
Chocolate, café, almoço, café, sorriso!
Música, livro, lágrima, sorriso, música!
Gato, cachorro, canto, pássaros, céu azul, mais não...
Azul, banco, nuvens, flores, frio, sonho
Janela, porta, sofá, cama, sono
Toco, canto, danço, sento, deito, um grito
Leio, leio, leio e escrevo...
Saio, parto, tchau, adeus, voltei
Noite, estrelas, lua, preto, brilho, não vejo
Frio, cobertor, abraço, sonho
Sono, acordo, tv, água, cobertor, abraço
Carinho, briga, carinho, amor, carinho...
Sapato, blusa, calça, meia, levanto
Digo, reclamo, elogio, faço, desfaço
Vivo!
Sorrio!

Porta aberta

O dia vem
A hora é essa
Estou tão certa
Que isso é certo
E o mais certo carrego em mim

Amor demais
Paixão e a meta
De viver pra sempre assim
No meio de todas as coisas belas
Felicidade é uma porta aberta pra entrar

Nem solidão
Nada que o valha
A minha voz ecoa em cores
São as dores que bastam de existir
Perto de mim o sol
Perto de ti sou eu
E a minha vontade de viver feliz

Minas Gerais

Ouço o som do vento
Vejo aquela chuva ensolarada
Em cima do pé de jabuticaba

Corro da água que cai sem avisar
Grito o casamento à moda do sol e chuva
Ou da chuva e sol

Aprendi muito com o tempo
Ele ensina vivendo a cada dia
Tempo de um dia só e de contas infinitas

Só nas minhas Minas Gerais para quase parar o tempo
A fala mansa arrisca uma canção que me chama
Saudade com gosto de pão de queijo da vó

O maior amor que encontrei
A melhor parte de mim
Meu coração a bater

O melhor que sou

Desce a ladeira do espaço, a medida
Sobe esta rua, lamenta a distância
O tempo é curto pra contar
Segura bem na mão da vida

Abre um sorriso da mesma distância
Corre das ondas que descem partidas
Faz um pedido de fim de ano
Pra começar muito bem, na medida

O céu azul reflete no mar
E eu até sei
Que se eu for melhor
Sempre há de melhorar

Esmeraldas

Começou nova estrada
Dia longo
A vida vai passando pelo temporal

Coração, nossa estrada
Voz dos pássaros
A vida vai passando pelo temporal

Me deixa seguir sorrindo para o tempo
Que sempre está sorrindo
Aqui com a gente

Me deixa viver
Como a noite me faz
Lembrar-me de você e de todos os carnavais

Espiral

Espiral na manhã
Folha que despenca de uma árvore
Grama verde e um jardim
Onde escrevo pra você sobre mim

Penso em tudo que me leva a você
Desenho o seu rosto com as nuvens
Faço caracol com raio do sol
Bicicleta para voar por aí

Vejo você por onde for
O mundo gira quando eu te refaço
Vejo você por onde for
Eu fecho os olhos assim eu te acho

Um porto

Teu abraço o porto
O mais seguro um pouco
Que preciso sentir

Minhas mãos te buscam
Meus olhos te encontram
Estou perto de ti

Minha voz se vai
Peito aberto ao vento
Sorriso largo e seguro

Teus braços me cabem
Tuas mãos se abrem
Meu porto pronto pra mim

Eu danço pra você

Eu deito no teu colo
Me esqueço do planeta
E vou pro espaço com você

Ouvindo um bom disco
Recito meus sonhos
Sou poeta neste instante

Me diz quanto tempo falta
Eu não quero que isso acabe
Me diz que é pra sempre
Isso da gente viver

Todo dia pode ser
Volta e meia, eu e você
Eu danço com você

Outono

Amor, é outono

Perto ouço o som do vento
O barulho dos teus olhos
Onde os lábios dão um sinal
Do que tu queres e eu

Perto ouço o coração
Leve, leve passo a mão no teu rosto
Sinto um arrepio frio
Que me diz a direção do teu sorriso

Perto, bem perto agora estou
Coloco o tempo à frente de nós
Infinito é o gosto de tudo em que acreditas
Da felicidade, lenta e veloz

Na corda bamba dos ponteiros

Eu sempre chego um pouco depois
E olha que sou pontual
Mas nesse caso não precisa de relógio
Precisa de sorte, ou o caso é de acontecer
Acontecer sendo, ou acontecer só nas frases bonitas
da canção
Decerto o amor é um alvo
Onde a seta segue as horas descompassadas de mim
Quem sabe amanhecerá nas montanhas um sol sorrindo
Só assim acertarei no alvo de algum dia

A toda direção

O dia começou
E eu fiquei aqui perdido no refrão
A vida começou e ela passa ali
Depois de um quarteirão
Diz que não, diz que não, diz que não?

O coração bateu e depois sumiu
E o sol também partiu
E se você ouviu a última canção
Fui eu que mandei pra ti

E o meu amor é tudo de melhor que eu tenho
E o meu amor é tudo de melhor que eu tenho
Posso te esperar, então?
É o vento, ele trouxe o que precisamos ser

Me dê a mão

Não discuto com essa velocidade das coisas
Um dia eu tentei entender por que a idade acelera tudo
Desisti, quero desacelerar

Vamos parar o tempo
Seja como for, por um momento ou dois
Seja onde for, quantos seremos ou um só

Prefiro as tardes
Porque gosto do meio das coisas
Prefiro as cores, porque gosto da mistura delas

Vamos seguir
O mundo girou
A vida sempre vai junto

O doce da saudade

Saudade doce
Bem doce
Não me deixa parar de lembrar
De sentir

Saudade doce
Que não para de bater junto com meu coração
Não me deixa nem ao menos dormir
Sonho com a saudade...

Saudade sem nome e com ele
Saudade sem forma e com um grito
Saudade sem dor e com um forte aperto no peito

Saudade de tudo e de nada
Apenas saudade
Saudade doce
Bem doce

Entre os dedos

A vida muda a todo segundo
E numa miragem te vejo
No pingo da chuva
Nas coisas que desejo

Você passa num piscar de olhos
E reaparece nos meus sonhos
Agarro tua mão e te faço real
Ouço tua voz e tudo volta ao normal

Todo sentimento também me carrega
E esse amor nem o tempo leva
Minha alma está ali, sob o sol claro

Me agarro na coragem
Me refaço do perdão
E que os dias passam entre meus dedos
Como o vento quando levanto a mão

Luz da lua

Ontem fiz um pacto com a Lua
Pedi à luz para que ela não desapareça
Reflexo da minha imagem no chão
Quando o mundo gira ela vai pro Japão

Queria correr antes do fim do dia
Para que a sua luz me traga mais e mais
O que seria da Terra sem outra esfera
Duas giram, duas formam as tuas fases

Quando duas mãos se juntam
É que refletem no chão uma só imagem
E dentro da bola o guerreiro
Com sua lança trança fé maior que há

Na água reflete a beleza
O azul mais azul traduz a certeza
O céu vai tão longe, o céu que não toco
Guarda no infinito a luz e seu foco

Da cor de um abraço

Um dia
Abri meu caderno e desenhei o amor
Colori de azul onde faltou cor

Desenhei bem ao sul
Teus abraços vindo a mim
Escrevi tudo em sempre, para que nada tenha fim

Se o silêncio nos faltar
É que o amor é bem maior
Aqui não há, não há
Alguma dúvida que restou

Abraço no mundo

Rebuliço
Concreto meus sentimentos
Compromisso
Sou eu meu sentimento
Já passou das seis
Aqui sou solidão

Oh, paz... a falha dessa noite
Sou mais que o vento na janela azul
Oh, paz... cintilo com minhas lágrimas
Sou mais que seu abraço no mundo

Uni em verso

Vejo no universo fogo
Bate em minhas palavras e queima
Como um verso novo

E tudo que me basta transcende e completa
Deixo pro outro dia a metade quase inteira
De um todo

Vejo no teu verso um jogo
Curvas de sobras em frases pequenas
Pelo vento em pouso

E tudo que me basta te fere e decreta
Deixe que meu coração te aqueça por mais um tempo
De novo

Asfalto colorido

Asfalto colorido
Linha, luz envolta
Sua voz caminha
No meu pensamento

Tudo fica escuro
Com o passar do tempo
Mas no claro e é claro
Vai e vem com o vento

Como passarinho
Voa mais que alto
Sopro do destino
Me perco, me acho

Caso do acaso
Sua vida em mim
Tudo combinado
Sou começo e também fim

Milhas de sorrisos
Não olho pra trás
E do céu vem vindo
A chuva pra lavar

Olho pras montanhas
Vejo o arco-íris
Corro nessa direção
Eu quero alcançar

Um dedo de prosa
Pra cortar espaços
Abraço, carinho
Pra não espaçar

Hoje tenho o tempo
Do amanhã seguro
E seguro sempre
Com o meu futuro

Se você vier, eu te espero e vou
Com você a pé, até o sol nascer
Se você quiser, eu te espero e vou
Com você a pé, até o sol se pôr

Gosto de notícias que chegam de bicicleta
E de pessoas que falam sorrindo
Dos dias frios no verão e da chuva que cai enquanto estou dormindo
De sempre esperar alguma coisa boa

Longe do olhar

No que busco e procuro
A morada para o que vejo
É quando choro que acredito
Muito além do que já sinto

E quase posso ouvir tua voz
Pois sempre que preciso você está
Cuidarei do teu amor
Somando com o meu

Abro os olhos e já te vejo
À minha frente e em todos os lados
Te toco a cada passo e num abraço
Você está aqui

Em nome do tempo

Tempo curto, leve, rápido, que sempre passa
Não espera, não tem pressa, mas apressa
Quente, frio, agitado, tedioso
Branco, escuro, chuvoso, ensolarado
Que me consola, dá medo, me faz chorar e gargalhar
Tempo que não vejo, que não toco, que não escuto, que somente sinto passar...
Às vezes acho que não existe, ou talvez o meu tempo tenha outro nome

Um sorriso

Um sorriso para o meu dia
Outro guardado pra ti
Leve como a luz que brilha
Levo a vida a sorrir

Nunca foi tão difícil
Ficar longe de ti é estranho
Lembro-me do teu sorriso
E me perco nos segundos dos dias

Sobre voltar

Dou voltas, voltas neste mundo
Viro e volto
Volto num segundo

Tropeço no aço do futuro
Mas me volto
Sou mais forte que tudo

Vou ver, ver talvez um dia
O querer de perto e revolto
Com o mar perdido no azul

Segura minha mão
Te dou a direção
Pinta um arco-íris
Pra trazer o pote de ouro

Destino do acaso

Por você, meu amor, eu faço tudo
Faço canção, poesia, e fico em silêncio
Com você nem mais um segundo de solidão
A você o meu mundo em forma de botão

Por você, meu amor, eu faço tudo
Jogo fora os meus livros e calo os ponteiros do relógio
Apago minhas falhas e recrio meus pensamentos
Com você, mil compassos no meu coração

Destino do acaso
Sentimento inteiro
Lua nova no meu caderno
E tuas memórias rabiscadas

Hoje sei voar, por um segundo eu sei
No meu quarto
Hoje sei voar
Só por você me refaço

Brisa

No movimento da vida
A solidão começa no pensamento
O único ser no universo a não partilhar um mundo

Compartilho a minha vida sem medo das línguas cansadas
Amor sem volta
É melhor que amor não compartilhado

Para um grande amigo meu

Hoje acordei com uma saudade gigantesca
Levantei e olhei pro céu que me permite o azul
Lembrei-me do dia que te conheci e descobri nossa amizade

Hoje sorri para a saudade
Ouvi meu anjo do som grave e doce
Passei a mão no meu rosto pra lembrar-me do teu

Hoje toquei a tua canção
Senti você do meu lado, teu cheiro...
Lembrei-me de quando você me dava certeza da felicidade

Hoje lembrei que nunca me esqueço de ti
Senti o vento e quase ouvi a tua voz rouca
Com ele me veio tua gargalhada

Hoje peguei o teu disco
Aquele que você me entregou no sonho
Sonho que há muito não mais tenho

Hoje senti você ainda mais perto
Hoje senti o teu abraço
Hoje te amo ainda mais... porque o teu coração bate no meu

Um viajante

Como se fosse um dia só
Vivo a vida inteira desatando cada nó
Como se fosse um caracol
Viajo entre os livros e aprendo meu caminho mais correto

Deságuo tudo no mar e descubro a felicidade exata
Deixo o tempo voar e mergulho nas memórias, em memórias doces
Em frases, em palavras, e no teu olhar

Inverno

Inverno dos dias

De você eu me separo todo dia
Meu coração expulsa teu amor
Minha alma derrama tudo que for teu
E eu bebo tudo de uma só vez

De tudo que não sei
Das lágrimas que secaram
Dos sonhos que se misturam e se perdem
Meu coração, sua morada

Pó de árvore queimada no vento
Céu maduro derrama sentimento
Estrela cadente esperando teu sorriso
E o meu? Guardado pra tua chegada

Bendita a hora
Que tu me chamaste
Eu não deveria ter ido
Para nunca mais ter voltado

Hoje não, amanhã

Hoje já acabou
Já é amanhã, mas o sol ainda não me vê
A lua também não vejo, o céu não é azul
As estrelas bem que tentam
Mas só vejo uma

Sozinha, sem efeito, mas eu vejo
Detrás da nuvem escura, do lado da lua solitária
que não vejo
Acima da minha cabeça que já não pensa
Abraçada pelo céu sem fim
Uma estrela nua, detrás da lua, sem causa, sem efeito,
sem fim...

En blanco y negro

Músicas, muitas músicas
Palavras que vão e vêm
Sem pressa, sem porquê
Sem querer e querendo
São espaços preenchidos
Com lágrimas e sorrisos
Com sim e não pontuados
Sem porquê, sem nada

Sem promessa, sem festa
Durando o tempo que ele faz
O tempo, com seu relógio
Infinito de ponteiros calados

Em branco, preto
Em cores indefinidas
Em letras escritas
Ditas, garrafais e apagadas

Silêncio da noite
O brilho da lua coberta
Fraco como o sol de inverno
Mas eterno e do tamanho do infinito

Pensamento vivo

Aqui dentro corre
Se explode, escorre
Se não sou, chove
Se não penso, morre

E se tudo move
Nada que não cole
Se na vida pode
Por que não me acode?

Vivo de novo
Silêncio e fogo
Parte de um todo
Sorte em jogo

Abrigo, sorriso, canção
Só falta o tempo
Pensamento vivo
No silêncio

Ontem – hoje

Ontem eu não tinha certezas e nem sabia o que seria
Ontem meu mundo era colorido e sem dores
Ontem a inocência era o sorriso que me era concedido
Ontem era...

Hoje as verdades são explícitas e tenho noção do que sou
Hoje falo alto e brigo, sei o que é certo e o errado me fascina
Hoje tenho sorte e sei o que significa cada palavra estranha
Hoje é e será...

Ontem completa o meu hoje de uma forma perfeita
Ontem vi as minhas marcas do tempo e hoje nem
mais importo
Ontem causei as cicatrizes que tenho
Ontem foi lindo e hoje é o reflexo dele

Hoje sinto falta de ontem
Hoje sinto felicidades do ontem
Hoje sou o ontem sem perceber
E hoje, só hoje vejo o ontem através dos meus dias

Fases

Só não espere que eu seja o que você deseja
o tempo inteiro
Sou feliz, triste, mágoa e perdão, lágrimas e gargalhadas
Sou a luz e a escuridão
Falo muito, às vezes nada
Faço muito, às vezes nada
Canto muito, até me canso
Faço verso, às vezes mágoa
Sou de verdade, me quebro
Sou do sol e também da noite
Sou estrela que brilha e apaga
Sou fogo, às vezes água
Sou mar, lança, flecha e nuvem

Cinco dias

Cinco palavras
Cinco passos
Cinco janelas
Cinco canções
Cinco lugares
Cinco olhares
Cinco momentos
Cinco orações
Cinco compassos
Cinco alegrias
Cinco suspiros
Cinco dias
Uma soma de ideias
Aquarela na canção
Cinco passos pra chegar e partir

No meio do caminho

Que cor é a rosa?
Que rosa? Que espinho?
Que flor que cheira?
O perfume tão fino
Que sente a força
Que tende o grito
Espalha e ecoa
Até o infinito
Sombra na montanha
Parte do caminho
Que no meio da ponte
Ilumina a fonte
Teu rio
Teu passo
Tua espada
Tua estrada
No meio do caminho

Do querer

Queria eu ser um mar e trazer o céu
Queria eu ser o céu e trazer estrelas do mar
Queria eu ser o sol e iluminar mais um dia teu
Queria eu ser e ser, aqui não há mais nada...
A não ser tudo que quero

Dias em mim

Há dias que minto
Há dias me omito
Dias claros, escuros, raros e comuns

Há dias que sinto
Há dias que fico
Dias longos e sem rumo, estreitos em mim

Há dias que nascem
Há dias que esquecem
Dias que vão e não voltam, sem perdão

Dias de lua, de estrelas
Dias de chuva, goteira
Dias de sol ou de nuvens escuras

Dias passam... dias meus, dias seus
Dias aqui, noites no Japão
Dias bem claros, sol, noite e solidão

Queria te dar o mundo inteiro

Queria te dar uma lua, cheia
Queria te dar não uma só palavra, um dicionário
Queria te dar não um sorriso, uma gargalhada
Queria te dar não só um dia, mas um ano inteiro
Queria te dar não só o céu, mas todas as estrelas
Queria te dar não só a Terra, mas todos os planetas
Queria te dar a mão e um abraço
Queria te dar o perdão e a felicidade
Queria te dar o amor e meu coração
Queria te dar por completo
Versos, frases, luares e sentimentos
Queria te dar o sol, enquanto há chuva
Queria te dar o sempre
Queria te dar o mais puro
Queria te dar o infinito
Queria desenhar o silêncio
Queria desenhar o vento
Desenhar o teu sorriso e tatuá-lo na eternidade

Me veja por aí

Se de repente o céu sumir
Me veja por aí
Se tudo for do acaso, o fim
Te vejo por aí

Se numa bruma o céu sumir
Escreva em tudo sim
Se como o ar você me vir
Te quero mais que a mim

Viajo no teu sono
Me vejo em teus olhos
Viajo no teu sonho
Me quero com você

Volcano

Tempo infinito dos dois lados
Me livrai dos teus percalços
Minha glória é infinita no teu contido sinal

Sopro do vento que me embala
Sou do sol o carnaval
Na espera de tudo que no nada vagueia

Meu caminho é longo aos meus olhos
Curta é a dura estrada que me leva pelas mãos
Soluço de liberdade, montanha pra despertar vulcão

Seu medo

Se não fosse por sentir
Se não estivesse do outro lado
Eu poderia ouvir a tua esperança

Se não coubesse no meu copo
Se não tivesse a mesma foto
Eu não poderia ouvir a tua alma

Eu posso sentir
Mas a dor é invisível
E passa entre o vento

Que entra no espaço
De dúvidas e certezas
Que de vazia se ocupa

Que de forte perde a força
E por nada se adianta
Pois acaba por não mais existir

Minha alma

Perdi minha alma na tarde de chuva
Talvez eu a encontre debaixo da ponte
Talvez nem assim, num caminho sem fim
Ou nas coisas mais certas

Coloco minhas dúvidas
Para que certezas tão incertas voem
Minha alma é clara
A certeza em cores

Encontro-me no gosto
Nas fases da lua, no sol vermelho ou sem cor
Encontro-me de repente e talvez
Minha alma é a minha fé, que guardo assim em mim

Tolhiço

Creio eu
Que num segundo instante
Estaremos nós causados pela nuvem de respostas
De dúvidas, que relutam em seguir o tempo inconstante
e tolhiço...
Creio eu no amor e na próxima ideia de felicidade!

Primavera em mim

Reza a lenda que o sol
está dentro de você.

Um refrão pra recomeçar

Dia 29 de um mês de 77
Há 30 anos e várias memórias atrás
Quase um ano que iniciava
E terminava outro com uma nova vida

Acho que devia estar chovendo, como um choro e um
canto de alguém
Em um lugar que não conhecia como meu
No meio de um verão e um sol não tão claro
Com um céu mais mineiro que dos últimos tempos

Com o amor, a saudade, a ausência e a permanência
Com as dúvidas e todas as certezas... com estupidez
e gentileza
Com água, fogo, sereno, córrego de esperanças cristalinas
Paparicos e abandonos, gritos e silêncio

Dor e alívio, sangue nas veias, sorte ao relento e sonhos
Uma dimensão inexplicável de acasos e encontros em mim
Com tudo e nada num só momento
Glórias e vitórias não esperadas e perdidas por tanto querer

Com meu querer mais meu bem querer
Nasci no dia 29 de dezembro de 1977
Hoje nem 30 anos mais eu tenho, tenho 36, logo 37
E espero todos mais que a vida me der

Espero continuar sendo
Fazendo-me ser
E querer todo querer
Por mais de todos os quereres, feliz quero ser

Das coisas que sei e não

Sei o tempo de esperar
As coisas que não são
Percebo onde estão

Sei que pode até não ser
Depende de você
Mas preste atenção

O meu caminho escrito num livro aberto
Para onde ir se não sei ao certo aonde vou
Metades de palavras formam quem eu sou
Sou o começo desse meio, meu amor

Fidivó

Muito mais que nascer
Viver em teus braços
A sorte maior que poderia
Das vezes impensadas, te amo

Dos sonhos maiores, você
Das vozes mais lindas, a tua
As mãos calejadas que meu rosto acaricia
O teu sorriso que acende o meu

Muito mais que viver
Muito mais que aprender
Ser visto no teu colo e amparado por ti
Das vezes que chamei, o teu abraço

Ah, minha vó!
A senhora é muito mais que uma flor
Muito mais que qualquer coisa linda do mundo
É o maior presente na minha vida

Não há palavras pra te descrever
Para te agradecer
Somente desejos para você
Que o amor sempre te ampare, como o teu por mim

Em nome de meu pai e de minha mãe

Crianças como eu
Passado que prometeu um futuro melhor
Em meu pai um pedaço de mim
Em minha mãe o outro pedaço

Ainda bem que não somos partes
Porque se assim, eu não seria mais
Me juntei pro agora
Agora sim posso ser

Ser sem depender das escolhas
Porque eu às vezes não tive nada pra escolher
Um caminho de mão única
Dar sem receber, receber para entender

Tenho o nome de meu pai
O sobrenome de minha mãe
Tudo eu tenho da minha vó
Pois sem saber ela me refez

Rua Alcebíades Costa
Quantas felicidades e tristezas
Lá me fiz melhor
Mas melhor mesmo fui agora

O passado não existe, o futuro menos ainda
O meio é muito maior
Começados do meio pra encurtar as histórias
Do fim nunca vamos saber

O céu agora envelheceu
Não tem a cor viva dos meus 10 anos
Meu pai envelheceu, minha mãe envelheceu
Minhas crianças, assim como eu, jovens amanhã

Monareta

Pedalando eu fui
Deixei meu pai pra trás
Eu já sabia que eu já sabia

Sair pedalando sem nunca ter andado
Aquela bicicleta verde parecia voar
Mas nem asas ela tinha

Sua corrente que caía
Me trazia pro real
Foi nela que aprendi a ser livre

Aprendi a correr quando quisesse
A parar quando pudesse
A cair e levantar

Daniel

Amor meu
Quanto tempo meu coração é teu
Quantas vezes, todos os dias

Nossa rede a balançar
Todos os sorrisos que encontro em você
Meu caminho do começo ao fim

Nossa casa, nossa vida, nosso elo
O melhor pedaço de mim
Sempre vou guardar para a melhor parte que tenho

Cavalos marinhos

Lembrei que havia me esquecido
Como a vida é veloz
Que o meio é bem maior que o fim

Esta guerra quem venceu foi a nossa culpa
Difícil é se encontrar nas necessidades dos outros
Porque cada caminho é feito de seu próprio rabisco

Abriu a porta pra eu entrar
Prólogo do que eu serei
A música me salva
No momento em que eu caibo em mim

Paraopeba

Saudosa cidade
Amor em forma de tuas ruas
Coração cheio, numa tarde azul

Contemplo tua história
Os nomes que te dei
As noites acordada, esperando teu clarear

Os pássaros te rodeiam e cantam minhas pessoas
Adeus, minha morada
A você o meu carinho

Passageiro de mim

Vida curta
Tempo estático
Passamos muito rápido...

Quantas vidas pra contar?
Se perder pra se encontrar
Qual caminho seguir?

O meio
Em meio às flores
Me encontre nelas

Porque sentir faz o maior sentido
Dentro de mim o medo e o pensamento
A paz que esconde o perigo
No coração, a voz que sopra o amor

Para quando eu for nuvem

Ninguém sabe o calo que te aperta
A vontade que te cerca
Os sonhos que tu tens

As dores que te guardam
As frases que te explicam
A vida que te leva

As paredes que te separam
Os dias que não contam
Os que te deixam feliz

As cores que te alimentam
As canções das tuas lágrimas
Os livros dos teus dias

Ninguém sente o que tu sentes
Não vive tuas vitórias
Nem caminha com teus pés

As nuvens que te levam
São as mesmas que te trazem
Deixe-as... para quando for, seja-as

Descubra quem você é, propositalmente
Como o amor, que aparece como o vento
Que não vejo, mas sinto me tocar

Assim vejo meu nome em luzes
Como uma saída de emergência
Perdido às vezes, como um barco a vela no mar

No meio a ventania
Voltando pra casa, cercado pela saudade
Vidrado no que alimenta

Marcado pelo tempo
O sal e o sol dos dias
Comemora a minha chegada

Fotografe tuas preces

Minhas mãos semipostas
Doutro lado a fé
Fecho bem os meus olhos
E penso nos que me trazem aqui

Lembro os dias que aprendi
Das dores que deixei
Do olhar triste a Salve Rainha
Do terço nas mãos de minha fé

Lembro as vezes que esqueci
Que não me falta acreditar
De quando quase me pedi
E me encontrei dentro de mim

Lembro a imagem da capela, lá na serra...
Onde guardei o tempo com o meu olhar
De onde vim e quem eu sou
E quando do alto e ao som do vento... fotografei a minha prece

Visite e conheça estes e outros lançamentos
www.matrixeditora.com.br

Feita de letra e música
Quando a maré de problemas aparece na vida de Lívia Bonjardim, vem com força total. Olha só: para começar, é ano de vestibular. Seu professor de História despertou o interesse da mãe de Lívia. Que coisa! Quer mais? Na internet existe um blog chamado Believe, que é sucesso com centenas de meninas. Só que ninguém sabe de quem é esse site famoso. Você vai se apaixonar pelo desenrolar dessa história.

Não comi, não rezei, mas me amei
É um livro com o qual muitas jovens se identificarão. Com uma linguagem simples e moderna, narra a aventura romântica de uma adolescente decidida, de personalidade forte, mas, como muitas outras, tem dúvidas e sonhos. O livro é para ser lido aos poucos, como um diário. A cada acontecimento o leitor se envolve mais, participando das angústias e dos planos da personagem.

Meditação
Este livro serve para todas as pessoas que imaginam ter dificuldade em meditar, porque é focado em ensinar formas de como conseguir meditar e inserir a meditação em sua vida. Ele vai inspirar você a se iniciar, continuar e se aprimorar nessa prática milenar. São 50 perguntas e respostas baseadas na experiência de eventos que o autor conduz, como palestras, cursos e retiros, onde a meditação é o tópico central ou faz parte da programação. Além disso, traz ainda cinco técnicas simples para iniciantes ou praticantes.